BEI GRIN MACHT SICH IHR
WISSEN BEZAHLT

- Wir veröffentlichen Ihre Hausarbeit,
  Bachelor- und Masterarbeit

- Ihr eigenes eBook und Buch -
  weltweit in allen wichtigen Shops

- Verdienen Sie an jedem Verkauf

Jetzt bei www.GRIN.com hochladen
und kostenlos publizieren

Julia Steblau

Die Deutschen in der russischen Literatur mit dem Schwerpunkt "Gogols Deutsche"

Der schmale Grat zwischen Bewunderung und Spott, Liebe und Hassliebe

GRIN Verlag

Bibliografische Information der Deutschen Nationalbibliothek:

Die Deutsche Bibliothek verzeichnet diese Publikation in der Deutschen National-
bibliografie; detaillierte bibliografische Daten sind im Internet über http://dnb.d-
nb.de/ abrufbar.

Impressum:

Copyright © 2013 GRIN Verlag GmbH
Druck und Bindung: Books on Demand GmbH, Norderstedt Germany
ISBN: 978-3-656-48382-3

Dieses Buch bei GRIN:

http://www.grin.com/de/e-book/230352/die-deutschen-in-der-russischen-literatur-
mit-dem-schwerpunkt-gogols-deutsche

„Die Deutschen in der russischen Literatur und der schmale Grad zwischen Bewunderung und Spott, Liebe und Hassliebe"
mit dem Schwerpunkt „Gogol's Deutsche"

Proseminararbeit

Lehramt: Russisch
„Literaturwissenschaft/Kulturgeschichte"
Proseminar „Das Schaffen N. V. Gogol's (1802-1852)"

Universität Potsdam
Institut für Slavistik

vorgelegt von
Julia Steblau

2013

Inhaltsverzeichnis

I. Einleitung

Die vorliegende Arbeit trägt den Titel „Die Deutschen in der russischen Literatur und der schmale Grad zwischen Bewunderung und Spott, Liebe und Hassliebe" mit dem Schwerpunkt „Gogol's Deutsche".

Gegenstand dieser Proseminararbeit ist das Deutschenbild in Gogol's literarischen Werken und somit in der russischen Literatur. Die Arbeit zeigt Gogol's bewusste Konfrontation mit dem Bild Russe-Deutscher und zeigt den tieferen Sinn in Gogol's Absicht, seiner Verwendung. Das stereotypisierte Deutschenbild ist ein Beweis für die wachsende deutsch-russische Verbindung und zeigt ein positives sowie negatives Zerrbild in der russischen Literatur und Gesellschaft. Die Bedeutung des Themas besteht darin, dass man erkennt warum und mit welcher Absicht Gogol' „seine" Deutschen in seinen Werken auf verschiedene Art und Weise verwendet und eingesetzt hat. Gogol's Absicht in der Verwendung diente nicht nur der Belustigung sondern war ein Werkzeug, das Gogol' die Möglichkeit bot, seine Werke auf eine geniale zwei- oder sogar mehrdeutige Weise zu betrachten. Da das Deutschenbild nicht über Jahrhunderte stehen geblieben ist, sich vielmehr in einem beweglichen Prozess befindet, der von geschichtlichen und außergeschichtlichen Einflüssen abhängig ist, ist und bleibt es ein aktuelles Thema. Ich persönlich hatte vor der Beschäftigung mit diesem Thema überhaupt keine Ahnung, dass die Beziehungen zwischen den Russen und Deutschen so tiefe Wurzeln geschlagen haben. Ich hätte nie im Leben gedacht, dass das Thema „Deutsche in der russischen Literatur" so umfangreich ist, und dass Gogol's Deutsche so zweideutig betrachtet werden müssen. So erklärt sich auch meine Gliederung der Proseminararbeit. Da ich keinen geschichtlichen Hintergrund hatte, wollte ich verstehen warum und woher Gogol' und Russland ein Deutschenbild haben. Meine historische Einführung beantwortet diese Frage. Durch die historische Vorgeschichte und Gogol's Biografie wurde mir klar, woher Gogol' ein Deutschenbild hat. Um Gogol's Ziele in der Verwendung der Deutschen zu entschlüsseln muss man das Deutschenbild sowohl aus einer traditionell folkloristischen Sicht betrachten als auch bedenken, dass Gogol' persönlichen Erfahrungen mit Deutschland und den Deutschen hatte. Wenn man diese drei Komponenten, die auf Vorgeschichte, Folklore und persönlichen Erfahrungen beruhen zusammenfasst, ergibt sich ein schlüssiges Bild der Deutschen. Um diese Erkenntnis abzurunden, wollte ich ein zeitgenössisches Deutschenbild im Vergleich zu den Russen anschließen, um zu betrachten, ob sich im Laufe der Jahrhunderte das Deutschenbild verändert hat. Zu meinem Erstaunen bleiben die Stereotypen und entwickeln sich immer weiter. Bei der Literatursuche hatte ich am Anfang Probleme, weil ich meine Fragen falsch gestellt habe, diese nur die Oberfläche des Themas ankratzten. Beim Herausarbeiten und Lesen befand ich mich in einer Art Zwiespältigkeit wie Gogol'. Ich hatte viel Mühe objektiv zu bleiben, weil mich die subjektiven Meinungen der Autoren enorm beeinflussten. Ich ertappte mich auf der Seite der Russen und war beleidigt, wenn die Deutschen sich abwertend über die Russen geäußert haben. Da musste ich mich auf meine persönlichen Erfahrungen mit den Deutschen besinnen und mir wurde klar, dass man nicht von den „Deutschen" oder den „Russen" reden kann. Es gibt zwar einige Eigenschaften, die man auf beide Völker spezifisch beziehen kann, aber man darf nicht alle über einen Kamm scheren, denn so entstehen Vorurteile, die Aversionen gegen ein Land und die dort lebenden Menschen hervorrufen. Die Schwierigkeit besteht darin, Menschen als Menschen zu betrachten und sie nicht in Schubladen zu stecken, die auf Meinungen von anderen basieren.

II. Hauptteil

1. Vorgeschichte russischer Deutschenbilder

Die ersten Quellen weisen auf, dass in der Zeit vom 9. bis zum 15. Jahrhundert sowohl die Deutschen von den Russen, als auch die Russen von den Deutschen wenig wussten und wenig übereinander zu sagen hatten. Die ersten Äußerungen über Deutsche in russischen Chroniken waren freundlicher Natur. Es bestanden mehrere Jahrhunderte hindurch lebhafte Handelsverbindungen zwischen Novgorod und den Hansestädten. Aus wirtschaftlichen und politischen Verträgen dieser Zeit ist zu sehen, dass beide Seiten einander als gleichberechtigte Partner anerkannten. Ein Auszug aus einem Vertrag des Jahres 1262, zwischen Novgorod und Lübeck weist die jeweiligen Beziehungen auf:

> „Die Novgoroder sollen Handel treiben zum gotischen Ufer ohne
> Schädigung, aber die Deutschen und die Goten und die ganze
> Lateinische Zunge sollen Handel treiben nach Novgorod ohne
> Schädigung auf alten Frieden hin, [...] für den unsere und eure
> Väter das Kreuz geküsst haben." [1]

Vor der Zeit der Aufklärung hatte man in Russland vage Vorstellungen von den westlichen Völkern. Das Wirken der Kirche hatte über Jahrhunderte einen entscheidenden Einfluss auf das geistige Leben Russlands. Die Aufklärung im 18. Jahrhundert bedeutete eine Entwicklung des nationalen Bewusstseins und das russische Deutschlandbild bildete sich intensiver als je zuvor heraus. Durch die petrinischen Reformen des jungen Zaren Peter (1671-1725) kamen nicht nur zahlreiche Deutsche nach Russland sondern Handwerker, Kaufleute, Offiziere, Beamte, Professoren, Ärzte und Hauslehrer aus ganz Europa, die Peter dem Großen nach Russland folgten.

---

[1] Lew Kopelew: Zur Vorgeschichte russischer Deutschenbilder S. 26.
Deutsche und Deutschland aus russischer Sicht (1)

Ab diesen Zeitpunkt differierten sich die ersten ausländischen Bilder auf verschiedenen sozialen Ebenen heraus. Die Beziehung von Russen zu Deutschen entstand in der Epoche der Nationen, der nationalen und sozialen Revolutionen. Immer mehr Russen studierten in Westeuropa, immer mehr Kaufleute waren im Außenhandel beteiligt und russische Soldaten kämpften in deutschen Ländern. Die Deutschen wussten von Russen nur das, was ihre Landsleute, die in Russland lebten oder als Besucher nach Russland kamen, über das Land berichteten. Diese Informationen waren aber im begrenzten Kreis offenkundig. Wohl kamen Offiziere nach Deutschland, aber man empfand Soldaten nicht als „Vertreter einer Nation". Somit blieben die Russen und Russland für die Deutschen ein wildes, fremdes und exotisches Volk bzw. Land. Ganz anders aber in Russland. Wer gebildet sein wollte musste die deutsche Sprache beherrschen. Die deutsche Kultur fand in Petersburg und Moskau hohes Ansehen, das Petersburger Klientel kannte die deutsche Literatur und somit Schiller und Goethe. In den Hauptstädten Petersburg und Moskau bildete sich nicht nur die ausländische Oberschicht heraus sondern auch ein neuer Stand der Gelehrten. Das einfache Volk, das an den alten Formen der Religion und der Lebensweise festhielt, fühlte sich von Peter dem Großen verraten. Er wurde als Ausländer und dem Glauben nach als Antichrist betrachtet (jeder, der nicht die russische Sprache beherrschte wurde als Teufel betrachtet und somit als Antichrist). Viele passten sich aber dem westlichen System widerwillig an. Viele erhielten ihre handwerkliche Ausbildung von ausländischen Handwerkern. Die russischen Wörter *nemeckij* (deutsch) und *nemec* (Deutscher) wurden nicht nur auf das Deutschland und die Deutschen bezogen. Alle Ausländer aus dem Westen wurden *nemcy* (Deutsche) genannt. Dies rührt daher, dass das Wort *nemec* der *Stumme* also, der nicht slawisch Sprechende bedeutet. Die Kluft, die die Oberschicht und das einfache Volk trennte bestand trotz allem. Die Ausländer wurden als Ausbeuter betrachtet. Die Deutschen zogen somit Hass und Neid der russischen Bevölkerung auf sich und fünfzehn Jahre nach Peters Tod mussten sie eine regelrechte

Welle des Deutschenhasses erleben. Der Hass wuchs aber auch in den eigenen Reihen. Die Heiratspolitik und die verwandtschaftlichen Beziehungen in den Königshäusern spielten im weiteren Verlauf eine große Rolle. Die geistigen Verbindungen dagegen, die Beziehungen zwischen Literaten und Künstlern, Wissenschaftlern und Pädagogen entwickelte sich parallel zu den Problemen im Land. Die meisten aufgeklärten Russen waren frei von nationalistischen Vorurteilen und lernten gern von Deutschen, Franzosen, Engländern und anderen Westeuropäern.

Anna Ivanova (1693-1740), die letzte „russischblütige" Zarin und Nichte Peter des Großen übernahm die Regierung nach Peters Tod und mit ihr nahm die Zahl der Ausländer, vor allem der Deutschen, in hohen Positionen enorm zu. Das russische Volk sah sich somit von Fremden regiert. Die Fremdenfeindlichkeit nahm noch stärker zu. Dagegen gefiel sich die deutschstämmige Zarin Katharina II. (1729-1796) als „Mutter des russischen Volkes". Sie umgab sich lieber mit russischen Würdenträgern und setzte zielbewusst auf patriotisches Verständnis der Nation. Mit Katharina II. sank langsam die Fremdenfeindlichkeit, die jedoch ständig durch geschichtliche Ereignisse immer wieder aufflammte. Im Siebenjährigen Krieg (1756-1763) standen sich erstmals Russen und Preußen als Feinde gegenüber. Österreich und Sachsen waren Verbündete Russlands. In den Kriegsjahren entstand das negative Bild der „Preußen", welches bis in die heutige Zeit Wurzeln geschlagen hat. Zusammenfassend kann man sagen, dass das Jahrhundert der Aufklärung, Russland dem Westen geistig, kulturell und zivilisatorisch näherbrachte und dafür sorgte, dass das russische Deutschen- und Deutschlandbild an Kontur gewann. Zwar waren die Deutschen immer noch Ausländer aber keine Fremden mehr. Man muss aber dazu sagen, dass die Integration des modernen Russlands in die europäische Kultur und Zivilisation sowie engere Kontakte und Bekanntschaften zwischen Deutschland und Russland nicht zu mehr Sympathie und Verständnis zwischen den Ländern führte. Es entstanden Ängste und Eifersüchteleien, die in Vorurteile und Hass umschlugen.

2. Kurze Biografie

Nikolaj Vasil'evič Gogol' (1809-1852) ist ein russischer Schriftsteller. Mit seinen satirisch-grotesken, teils phantastischen Dramen, Erzählungen und Romanen gehörte er nicht nur zu den bedeutendsten Schriftstellern der russischen Literatur, sondern auch zu den wichtigsten Autoren des 19. Jahrhunderts sowie der heutigen Zeit. Geboren wurde Gogol' als fünftes Kind in Gouvernement Poltava in einer Gutsbesitzerfamilie. Seine Kinderjahre verbrachte er auf dem väterlichen Gut im Kreis Mirgorod. Gogol' wurde schon in sehr jungen Jahren mit der ukrainischen Folklore und dem ukrainischen Dorfleben bekannt gemacht. Er liebte ukrainische Märchen, Lieder und Sagen, die später seine Werke entscheidend beeinflussten. Seine Mutter hatte einen starken religiösen Einfluss auf Gogol', was ihn später sehr stark in Zwiespalt brachte zwischen der religiösen (phantastischen) Welt und der Realität. Seit 1818 besuchte er die Kreisschule von Poltava und 1821 wurde Gogol' auf das „Gymnasium der höheren Wissenschaft" in Nežin aufgenommen. Im Jahre 1828 ging er nach Sankt Petersburg, wo er die Bekanntschaft Aleksandr Puškins machte. In Petersburg fasste er durch seine literarischen Erfolge Fuß und konnte sich in der Petersburger Gesellschaft einen Namen machen. Aus verschiedenen Gründen ging Gogol' ins Ausland, so nach Deutschland und Italien. Da er sich unverstanden fühlte, durchlebte er viele Lebens- und Schaffenskrisen. Seine Reisen hatten einen großen Einfluss auf sein literarisches Schaffen und Leben. Gogol' kehrte immer wieder nach Russland zurück und starb 1852 in Moskau.

3. Betrachtungsweise aus der folkloristischen Sicht auf Gogol's Deutsche

Was Gogol' an Vorstellungen und Vorurteilen über „die Deutschen" in seiner Umgebung von Kind auf vorfand, gehörte in den Bereich der volkstümlichen Überlieferung, der Folklore. Gogol's Landsmann und Zeitgenosse Vladimir Dal'[2] hielt folkloristische Sprichwörter in seiner berühmten Sprichwortsammlung fest. Es wird die intellektuelle und technische Überlegenheit „des Deutschen" betont. Ein Beispiel dafür:

> „Der Deutsche ist schlau, er hat den Affen erfunden. Der Deutsche hat für alles ein „Strument". Der Deutsche kommt mit dem Verstand darauf, der Russe mit den Augen" (Deutsche erfindet, Russe guckt ab).

Solche Inhalte lassen leicht Minderwertigkeitskomplexe und Aversionen gegen ein Volk entstehen. Der Russe wird als physisch überlegen und robuster gegenüber dem klügeren aber schwächlichen Deutschen dargestellt. Bei den Sprichwörtern muss bedacht werden, dass *nemec* gar nicht unbedingt ein Deutscher sein muss. In folkloristischen Zusammenhang steht *nemec* für jeden, der aus dem Westen kommt und somit nicht orthodox ist. Gogol' ist sich der Bedeutung des Wortes durchaus bewusst und er spielt mit diesen Mitteln. In seinen Werken beschreibt Gogol' den Deutschen immer auf dünnen Beinchen. Später erkennt man, dass mit dem Deutschen der Teufel gemeint war. Gogol' lässt hierbei seinen satirisch-grotesken Funktionen den freien Lauf. Die Herkunft der Ausländer kann man nur vermuten, da Gogol' nie von *Germanija* (Deutschland) spricht sondern die ukrainische Lautform, *Nemetčina* verwendet. Gogol' erzielt auf diese Weise historische und komische Effekte. In der (ukrainischen sowie russischen) Folklore sind

---

[2] Vladimir Ivanovič Dal' (1802-1872), Arzt, Schriftsteller und Lexikograph.
Rolf-Dietrich Keil: Gogol's Deutsche. Folklore-Erfahrung-Fiktion S. 412.
Deutsche und Deutschland aus russischer Sicht (3)

Deutsche Fremde und nicht orthodox (somit Antichristen). Dadurch bekommt das Wort *nemec* die Funktion eines Schimpfwortes. Gogol' nutzt diese Funktionen aus und gestaltet somit groteske Bildvorstellungen. Die folkloristische Betrachtungsweise der Deutschen (Ausländer) herrscht in Gogol's (Večera na chutore bliz Dikan'ki), und in „Mirgorod" herrscht die Folklore unumschränkt. Man muss dazu sagen, dass es nicht zwischen wirklichen Deutschen und anderen westlichen unterschieden wird. Es ist nicht nur die Ablehnung, die Verspottung und die Beschimpfungen, sondern auch Anerkennung und Bewunderung ihrer Fähigkeiten und Leistungen, besonders der handwerklichen. So äußert sich der Dorfschmied Vakula über eine Dorfklinke als er nach Petersburg kommt.

„Ach, was für eine feine Arbeit! All das haben gewiss, so mein' ich, deutsche Schmiede gemacht" [3]

Auch Gogol's Frauenbild folgt der folkloristischen Betrachtungsweise nach dem Schema eines ukrainischen Volksliedes. Es tauchen immer wieder folkloristische Klischeevorstellungen bei Gogol' über die Deutschen auf.

4. Gogol's persönliche Erfahrungen mit Deutschen

Nicht nur die Folklore und religiöse Züge haben Gogol's Werke beeinflusst, sonder auch seine realen Begegnungen und Erfahrungen mit den Deutschen. Die ersten Bekanntschaften mit Deutschen machte Gogol' in seiner Schulzeit in der ukrainischen Provinzstadt Nežin (1822-1828). Gogol' stand unter der Aufsicht von Egor Ivanovič Zel'dner (Georg Zeldner), der Deutsch unterrichtete. Unter Gogol's Klassenkameraden waren mindestens fünf Deutsche.[4] In Nežiner Gymnasium legte man viel Wert auf die deutsche Kultur. Das Internat führte deutsche Theaterstücke in der Originalsprache auf und das Schulorchester spielte Weber. Gogol'

---

[3] Rolf-Dietrich Keil: Gogol's Deutsche. Folklore-Erfahrung-Fiktion S. 416.
Deutsche und Deutschland aus russischer Sicht (3)

[4] Rolf-Dietrich Keil: Gogol's Deutsche. Folklore-Erfahrung-Fiktion S. 417.
Deutsche und Deutschland aus russischer Sicht (3)

begeisterte sich für Literatur und hatte in der Internatsbibliothek übersetzte Werke von Goethe, E.T.A. Hoffman, Tieck und Heine gelesen. Man kann aber auch schlussfolgern, das Gogol' in der Zeit imstande war deutsch zu lesen. Das lässt sich aus einem Brief an seine Mutter erkennen.

> „Für den Schiller, den ich aus Lemberg bestellt habe, habe ich 40 Rubel gegeben – eine recht ansehnliche Summe für meine Verhältnisse; aber ich bin überreich belohnt und verbringe jetzt einige Stunden am Tage aufs angenehmste."[5]

Gogol' s Vorliebe für Schiller hatte eine prägende Wirkung auf ihn und seine späteren Werke. Man kann sagen, dass Gogol's Kunstverständnis und seine Auffassung über die „Ästhetische Erziehung" auf dieser Wirkung basieren.[6] In den „Petersburger Erzählungen" (1836) ist zu lesen *„die Deutschen als jenes gründliche, jenes zu tiefem ästhetischem Genuss veranlagte Volk", die Rede ist von dem „edelmütigen, feurigen Schiller, der die Würde des Menschen in so poetischem Lichte ausgesprochen hat."* [7] Auch später assoziierte Gogol' den Namen Schiller mit seiner Jugend und seiner jugendlichen Begeisterung. Seine Begeisterung und den absoluten Höhepunkt für das Deutschland der Dichtung und der Denker zeigt ein Epilog, in dem es heißt:

> „Und mit unenträtselter Erregung
> Singe ich mein Deutschland.
> Land erhabener Gedanken!

[5] Rolf-Dietrich Keil: Gogol's Deutsche. Folklore-Erfahrung-Fiktion S. 417. Deutsche und Deutschland aus russischer Sicht (3)

[6] Rolf-Dietrich Keil: Gogol's Deutsche. Folklore-Erfahrung-Fiktion S. 418. Deutsche und Deutschland aus russischer Sicht (3)

[7] Rolf-Dietrich Keil: Gogol's Deutsche. Folklore-Erfahrung-Fiktion S. 418. Deutsche und Deutschland aus russischer Sicht (3)

Du, luftiger Visionen Land!

Wie ist die Seele voll von dir!

Als Genius behütet dich

In seinem Arm der große Goethe

Und jagt mit der wundersamen Reihe

Seiner Gesänge der Sorgen Wolken davon." [8]

Die Verspottung und die negativen Äußerungen über die Deutschen begannen mit dem Eintreffen Gogol's in Petersburg, Anfang 1829. An seine Mutter schrieb er, dass Petersburg überhaupt keinen Charakter hat und dass die Ausländer richtig heimisch geworden sind. Im „Porträt" beschrieb er Petersburg als eine Stadt, wo alle Beamte, Kaufleute oder deutsche Handwerker sich niedergelassen haben. Unter den Beamten waren aber auch nicht wenige Deutsche. Am meisten hatte Gogol' mit den deutschen Handwerkern zu tun, die in der Umgebung seiner Wohnung lebten. Zu den Petersburger Eindrücken über die Deutschen kamen neue hinzu. Im Sommer 1929 machte Gogol' seine erste Auslandsreise. Es ging nach Hamburg, Lübeck und Travemünde. In Briefen an seine Schwestern beschrieb Gogol' Deutschland in den prächtigsten Farben. Seine Erfahrung war also positiver Natur, die sich aber nicht auf die unmittelbar danach entstehenden Werke auswirkte. Man kann annehmen, dass Gogol' mit Absicht auf die humoristischen Effekte der folkloristischen Tradition gesetzt hat. Er wusste wie er das Lesepublikum fesseln konnte und um in Petersburg Fuß zu fassen musste er unabhängig von seinen „Erfahrungen" dem Petersburger Lesepublikum das bieten, was sich gut verkaufen ließ. Die „deutsche" Thematik betrachtet aus der folkloristischen Sicht spielt eine große Rolle im „Nevskij Prospekt". Gogol' beschreibt den „typischen" Deutschen mit einer komischen und grotesken Absicht, die sich nicht jedem Leser erschließt. Man bemerkt nicht, dass es sich um eine groteske Übertreibung handelt. Gogol' setzte darauf, dass man sich

---

[8] Rolf-Dietrich Keil: Gogol's Deutsche. Folklore-Erfahrung-Fiktion S. 420.
Deutsche und Deutschland aus russischer Sicht (3)

eher vom Lachen verleiten lässt und dann noch auf Kosten von Ausländern. Das letzte bedeutendste Werk aus der Petersburger Periode, der „Revisor" spielt in einer Provinzstadt, aber sogar dort kann man einen Deutschen auffinden. Da Gogol' ein Patriot war und mit allen Mittel versucht hat die russische Natur, die russischen Menschen und Russland in seinen Werken von anderen Völkern herauszuarbeiten, kann man darauf schließen, dass Gogol' die Ausländer nicht nur, trotz komischer Züge und humoristischer Effekte, als Folie für seine Hervorhebungen nutzte. Die Auslandsreisen, die Gogol' in den nachfolgenden Jahren antrat, ließen sein Bild von Deutschland stark verändern. Die Abneigung zu Deutschland wurde umso stärker, als er Italien und Rom kennen lernen durfte. Er war über Deutschland sehr enttäuscht und das Land langweilte ihn.

> „Hier ist meine Meinung: Wer in Italien gewesen ist, der sage den anderen Ländern Lebewohl. […] Mit einem Worte, Europa ist im Vergleich zu Italien dasselbe wie ein trüber verhangener Tag im Vergleich zu einem sonnigen." [9]

An seinen Klassenkameraden Danilevskij schrieb Gogol':

> „lass jeden Gedanken an Deutschland fahren, wo Du Dich weiß Gott wie langweilen wirst in diesen scheußlichen Bädern […] Setzt Dich schnellstens in eine Kutsche und mach Dich auf den Weg zum Mittelmehr. Dein Blick möge nicht erschrecken vor dem Rhein mit all den Koblenzen, Biberachs und Kreuzenachs, noch möge Dein Gehör die Sprache erschrecken, in der sich die Feinde der Christenheit vernehmen lassen" [10]

Für Gogol' verschwand Deutschland, als er es kennen lernte. Die Liebe die er zu der deutschen Literatur hegte hatte damit nichts zu tun.

---

[9] Rolf-Dietrich Keil: Gogol's Deutsche. Folklore-Erfahrung-Fiktion S. 430.
Deutsche und Deutschland aus russischer Sicht (3)

[10] Rolf-Dietrich Keil: Gogol's Deutsche. Folklore-Erfahrung-Fiktion S. 432.
Deutsche und Deutschland aus russischer Sicht (3)

„Das waren Jahre der Poesie, zu jener Zeit liebte ich die Deutschen, ohne sie zu kennen, oder vielleicht verwechselte ich die deutsche Gelehrsamkeit, deutsche Philosophie und Literatur mit *den* Deutschen, wie dem auch sei, die deutsche Poesie trug mich damals fort ins Weite, und mir gefiel damals ihre vollständige Ferne vom Leben und von der Existenz. [...] Bis heute liebe ich jene Deutsche, die meine Phantasie damals geschaffen hat." (1839)[11]

So äußerte sich Gogol' in einem Brief an seine ehemalige Schülerin Mar'ja Petrovna Balabina.

Wie tragisch Gogol's Verhältnis zum deutschen Geist auch immer gewesen sein mag, man sollte darüber nicht den Humoristen vergessen. Vieles lag vermutlich mit seiner religiösen Überzeugung zusammen und riss ihn zwischen der Realität und der Phantasiewelt hin und her. Im Jahr 1846 äußerte sich Gogol' zum letzten Mal über die Deutschen. Keils Meinung nach ist Gogol's Deutschenbild *„geprägt von völkerpsychologischen Klischees der Folklore, dessen negative Grundzüge vertieft werden durch Erfahrungen im deutschen Handwerk- und Kleinbürgermilieu zunächst Petersburg, dann bei Reisen und Aufenthalten im vormärzlichen Deutschland. Hinter dem negativen Bild, das er in seinen Werken, vor allem im 'Nevskij Prospekt' entwirft, steht darüber hinaus eine tiefe Enttäuschung der überschwänglichen Liebe des Jünglings zum Deutschland der Dichter und Denker, dessen Verkörperung Schiller ist – und bleibt.* [12]

---

[11] Rolf-Dietrich Keil: Gogol's Deutsche. Folklore-Erfahrung-Fiktion S. 434.
Deutsche und Deutschland aus russischer Sicht (3)

[12] Rolf-Dietrich Keil: Gogol's Deutsche. Folklore-Erfahrung-Fiktion S. 443.
Deutsche und Deutschland aus russischer Sicht (3)

5. Fremd- und Selbstbilder der Russen aus der heutigen Sicht

Hier vergleichen die russischen Germanistikstudenten ihre Fremd- und Selbstbilder und man kann leicht den fast unveränderten Stereotyp auffinden, den man in Gogol's „Nevskij Prospekt" auffinden kann. Es ist erstaunlich wie das „klassisch preußische Deutschenbild" bis in die heutige Zeit überdauern konnte. Man kann davon ausgehen, dass die Studenten sich mit den Deutschen beschäftigt haben und sogar persönliche Erfahrungen sammeln konnten. Das macht ihr Deutschenbild sehr authentisch. Man bemerke aber, dass hier eine enorme Verallgemeinerung herrscht und der Russe in jeder Hinsicht anders ist als der Deutsche.

Die Studenten bewerten die Deutschen als ordentlich, gesetzestreu, fleißig, pünktlich, sparsam bis geizig, zurückgezogen bis distanziert, aber auch umweltbewusst, höflich, freundlich, hilfsbereit, kontaktfreudig und gebildet. Was die deutsche Frau betrifft, so urteilte man eher negativ. Die deutsche Frau legt wenig Wert auf Kleidung und ihr Äußeres. Sie sei zu emanzipiert und das ziehe negative Folgen wie „Rollentausch" nach sich. Eine russische Frau könne aus Mehl und Wasser einen Kuchen backen wobei die deutsche Frau ohne Messbecher verzweifeln würde. Der deutsche Mann helfe mehr im Haushalt als der russische Mann. Man betrachtet den russischen Mann als männlicher und robuster. Der Deutsche genießt das Leben; der Lebensstandard gibt ihnen die Möglichkeit dazu. Der Russe genießt, weil er das Leben genießt! Die Russen sehen sich eher als verschwenderisch, unpünktlich, emotional, als nicht gesetzestreu, nicht umweltfreundlich und bequem bis faul. Man lebe in den Tag hinein und ist weniger materiell orientiert. Die Russen sehen sich als solidarisch und improvisationsfreudig, spontaner, offener und herzlicher als die Deutschen. Sie sprechen von der „Russischen Seele" (russkaja duša) und davon, dass der Russe auf „russisch liebt" (ljubit' po russki) was einem Deutschen immer fremd bleiben wird. Der Russe belächelt den Deutschen wie auch Gogol' im „Nevskij Prospekt" und seinen anderen literarischen Werken. Zwar werden die „deutschen Eigenschaften" von den Russen sehr geschätzt und geachtet aber auch verspottet und belächelt. Die deutschen Eigenschaften lassen ihn bei dem Russen als steif und gefühlskalt gelten. Die Besuche bei den Deutschen verlaufen nach Uhrzeit und werden als sehr langweilig bis steif beschrieben und ohne Termin braucht man erst gar nicht zu kommen. Der Russe aber findet immer und um jede Uhrzeit was zu feiern. Man erkennt sofort, dass der Russe die alten preußischen Tugenden aufzählt wie Fleiß, Pünktlichkeit, Korrektheit und Distanz. Ein typisch russischer Satz ist *„Bei der Arbeit wollen wir uns erholen; arbeiten müssen wir schon zuhause! [...] man lebt nur einmal!"*[13] Man muss aber dazu sagen, dass die Russen im Deutschen einen „Demokraten" sehen, der Wohlstand repräsentiert der Russe aber eher ums Überleben kämpft. Die Russen können sich durch die wirtschaftliche Lage im eigenen Land nichts leisten, leben eher optimistisch in den Tag hinein. Denn Hoffnung auf bessere Tage stirbt zuletzt. Frei nach dem Motto: „Man solle nie den Glauben und den Humor verlieren!"

---

[13] Ensel, Leo: S. 125.

III. Schluss

Abschließend kann ich sagen, dass sich mir während der Bearbeitung mit dem Thema unglaublich viele Bildungslücken geschlossen haben. Ich muss wohl Gogol's Werke ein weiteres Mal lesen, um das zu verstehen, was ich bisher anders betrachtet habe. Mir wurde klar, warum Gogol' die Deutschen immer wieder in seinen Werken verwendet hat und warum er sie so dargestellt hat. Jedes literarische Werk, was ich in Zukunft lesen werde, egal ob von Gogol' oder nicht, werde ich, wenn Deutsche dort erwähnt werden, aus einer ganz anderen Perspektive betrachten und mit einem anderen Hintergrundwissen.

Die „Fremdenbilder" aus heutiger Sicht betrachtend möchte ich ergänzen, dass für die Deutschen behinderte und alte Menschen einen höheren Stellenwert haben als für die Russen. Die Russen haben offiziell keine Randgruppen, geschweige denn behinderte Menschen. Man kehrt Probleme einfach unter den Teppich. Dies ist aber im Wesentlichen dem Einfluss von Politik und Erziehung im Russland der letzten Jahrzehnte zuzuschreiben und hat nichts zu tun mit den menschlichen Werten, die den Russen in Wirklichkeit eigen sind.

Wie gesagt, darf man nicht alle Russen und alle Deutsche über einen Kamm scheren. Diese Erkenntnis ist ein Prozess, an dem man nie aufhören soll zu arbeiten und darüber nachzudenken. Man sollte in den Spiegel gucken, bevor man urteilt. Und bevor man vergleicht, sollte man beide Seiten kennen.

Nicht zuletzt durch die Behandlung mit diesem Thema bin ich zu der Überzeugung gelangt, dass keine anderen Länder eine so enge Bindung haben wie Russland und Deutschland.

IV. Literaturverzeichnis

Düwel, Wolf: Geschichte der klassischen russischen Literatur. N.V. Gogol', sein Leben. Berlin/Weimer 1973, S. 305-310.

Ensel, Leo: Deutschlandbilder in der GUS. Wie Russen die Deutschen und sich selbst sehen- Versuch einer Auswertung der präsentierten Fremd- und Selbstbilder in Moskau und Lipezk. Fritsche/Meinhard/Meinhard (Hrsg.) Oldenburg 2001, S. 123-129.

Keil, Rolf-Dietrich: Gogol's Deutsche, Folklore-Erfahrung-Fiktion. WEST-ÖSTLICHE SPIEGELUNGEN, Deutsche und Deutschland aus russischer Sicht (3). Herrmann/Ospovat (Hrsg.) München 1998, S. 411-444.

Kopelew, Lew: Zur Vorgeschichte russischer Deutschenbilder. WEST-ÖSTLICHE SPIEGELUNGEN, Deutsche und Deutschland aus russischer Sicht (1). Herrmann (Hrsg.) München 1988, S. 13-51.

Kopelew, Lew: Lehrmeister und Rivalen, Kamaraden und Fremdlinge. WEST-ÖSTLICHE SPIEGELUNGEN, Deutsche und Deutschland aus russischer Sicht (2). Herrmann (Hrsg.) München 1992, S. 11-53.

Kopelew, Lew: Deutsch-russische Wahlverwandschaft WEST-ÖSTLICHE SPIEGELUNGEN, Deutsche und Deutschland aus russischer Sicht (3). Herrmann/Ospovat (Hrsg.) München 1998, S. 13-111.

Raeff, Marc: Legenden und Vorurteile. WEST-ÖSTLICHE SPIEGELUNGEN, Deutsche und Deutschland aus russischer Sicht (2). Herrmann (Hrsg.) München 1992, S. 53-77.